AVANT LA NOCE

OPÉRETTE EN UN ACTE

PAR

MM. MESTÉPÈS ET PAUL BOISSELOT

MUSIQUE DE

M. ÉMILE JONAS

Représentée pour la première fois à Paris, sur le théâtre des BOUFFES-PARISIENS, le 24 mars 1865

PARIS
MICHEL LÉVY FRÈRES, LIBRAIRES ÉDITEURS
RUE VIVIENNE, 2 BIS, ET BOULEVARD DES ITALIENS, 15
A LA LIBRAIRIE NOUVELLE

1865
Tous droits réservés

Distribution de la pièce

HYACINTHE, jeune paysan............ M. BERTHELIER.
MARIE, paysanne, sa promise.......... Mlle FRAZEY.

Pour la partition, s'adresser à M. COLOMBIER, éditeur, rue Vivienne n° 6, à Paris.

AVANT LA NOCE

La scène se passe dans la maisonnette de Marie. — Salle de campagne. — Porte d'entrée, au fond, face au public. — A gauche, au fond aussi, fenêtre près de laquelle est placé un buffet. — A droite, deuxième plan, porte de la chambre de Marie. — A droite, premier plan, une armoire. A gauche, cheminée surmontée d'une petite glace. — A la droite de la porte d'entrée une table sur laquelle la nappe est mise. — Deux chaises, l'une à droite l'autre à gauche, à l'avant-scène.

SCÈNE PREMIÈRE

Au lever du rideau, la scène est vide. — On entend cogner deux fois timidement à la porte du fond. — Elle s'entr'ouvre et Hyacinthe montre sa tête.

HYACINTHE, un paquet sous le bras.

Mamzelle Marie !... mamzelle Marie !... Elle ne répond pas !... (A lui-même.) Faut-il entrer ! j'nose pas !... (Il fait un pas en avant et recule, s'appliquant lui-même des coups de pied.) Va donc, poltron, va donc !... ouf ! m'y voilà !... c'est pourtant ici quasiment chez moi, puisque je somm's à la veille de nous unir avec mamzelle Marie... que voulez-vous ?... Je suis né avec le cœur d'un poulet, surtout au vis-à-vis des femmes. Je les aime profondément ; mais dès que je me trouve en face d'elles, bonsoir !... la peur paralyse mon éloquence naturelle... et j'ai tout juste l'esprit d'un imbécile.

COUPLETS.

1

La nature m'a donné,
Tout c'qu'il faut pour faire un homme,
Et chacun peut voir qu'en somme
Je suis proprement tourné.

Qué malheur d'êtr' si timide!
Demain l'on nous mariera...
Faudra pourtant qu' je m' décide
A passer par là.

II.

Mon sort fait plus d'un jaloux,
Ma promise est si jolie!..,
Après la cérémonie
Je serai bien son époux.
Qué malheur d'êtr' si timide!
Ensemble on nous laissera...
Faudra pourtant qu' je m' décide
A passer par là.

SCÈNE II

HYACINTHE, MARIE.

MARIE, portant une pile d'assiettes qu'elle dépose sur la table.

Tiens, vous êtes là, monsieur Hyacinthe !

HYACINTHE, bondissant.

Faites excuse, mamzelle Marie, il s'est trouvé comme ça que... ne vous trouvant point... j'ai trouvé la porte ouverte ce qui fait que je m'suis trouvé tout seul ici... en attendant que vous m'y *trouvassiez* (A part.) Allons, c'est pas mal trouvé.

MARIE.

Et vous avez bien fait. (Désignant le paquet qu'Hyacinthe a toujours sous son bras.) Qu'est-ce que vous avez apporté là ?

HYACINTHE.

Devinez.

MARIE.

Quelque friandise ?

HYACINTHE.

Mieux que ça.

MARIE.

Le coucou que vous m'avez promis.

HYACINTHE.

D'abord... pour ce qui est du coucou... toutes réflexions faites, je préfère autre chose.

MARIE.

Oh !... c'est si gentil un petit oiseau qui sonne l'heure en battant de l'aile... coucou !... coucou !...

SCÈNE II

HYACINTHE.

C'est précisément l'coucou qui ne me va point.

MARIE.

Comme il vous plaira.

HYACINTHE.

De sorte que vous ne savez pas ce qu'il y a là dedans ?...

MARIE.

Ma foi, non.

HYACINTHE.

Eh bien... je le sais moi et je vas vous, le dire. Mon costume de marié.

MARIE.

Ah ! voyons.

HYACINTHE.

Un instant! c'est fragile (Dépliant le paquet sur une chaise.) Procédons par ordre. (Montrant les objets.) Un habit bleu céleste qu'on croirait qu'on l'a *découplé* dans un coin du *firmament*.

MARIE.

C'est ma fine vrai, jusqu'aux boutons en nacre qui font quasiment les étoiles.

HYACINTHE.

Il n'y manque que la lune au milieu pour l'illusion complète. Le gilet à fleurs, qu'on est tenté d'ouvrir les narines pour le flairer. (Flairant son gilet.) Ça sent le printemps... et l'amidon... Et enfin le pantalon. (Développant son pantalon beurre frais.)

MARIE.

Oh ! quelle nuance délicate !

HYACINTHE.

Croirait-on pas voir deux friandes tartines de notre beurre frais ! on en mangerait, quoi !

MARIE.

Quand vous aurez tout ça sur votre individu, vous allez être fièrement faraud.

HYACINTHE.

Possible, mais c'est égal... Je ne serai jamais à votre niveau, surtout quand vous serez tout en mousseline blanche, avec les insignes de l'enfant qui vient de naître... sur la tête.

MARIE.

Aussi est-ce pour arrêter le jour de toutes ces merveilles-là que nous faisons aujourd'hui ce qu'on appelle le repas des fiançailles, pour les apprêts duquel je vous prie de me donner un coup de main.

HYACINTHE, tirant vivement son mouchoir et faisant mine d'essuyer une assiette.

Y a-t-il quelque chose à nettoyer ?

MARIE.

Eh ! non ; je vous parle de m'aider à mettre le couvert.

HYACINTHE.

Tout de suite. (Ils mettent le couvert sur la table qu'ils ont placée au milieu du théâtre.)

MARIE.

Ce qu'il y a de remarquable et de rare, c'est que nous faisons ce repas-là à nous deux, tête-à-tête.

HYACINTHE.

Ça, c'est effrayant.

MARIE.

Dam ! quoi ! puisque nous sommes tous les deux sans père ni mère.

HYACINTHE, au public.

Mais faudrait pas croire que nous n'en avons jamais eu.

MARIE.

Nous serions une fière exception.

HYACINTHE.

Et pas les mêmes encore !.. chacun le sien et la sienne. (Il laisse tomber une assiette.)

MARIE.

Bon !... une douzaine dépareillée !...

HYACINTHE.

Ça se recole... et ça n'en est que plus solide.

MARIE.

Je sais qu'on aurait pu avoir les témoins, mais il se présente toujours dans ces circonstances-là un tas de petites questions intimes qu'on ne vide tout à fait bien qu'à deux.

HYACINTHE, à part.

V'là le *tric-trac* qui me reprend !

MARIE.

Pour lors, monsieur Hyacinthe, la table est mise ; il n'y a plus qu'à s'asseoir. (Il ne bouge pas.) Allons !

SCÈNE II

HYACINTHE, s'asseyant.

Là... Je suis peut-être bien près de vous.

MARIE, rapprochant sa chaise.

Mais je ne trouve pas. Voyons... Est-ce vous qui découpez le canard ?

HYACINTHE.

Moi... dame...

MARIE.

Généralement, c'est l'homme qui se charge...

HYACINTHE.

Voilà... c'est justement quand l'homme doit se charger de quelque chose que je commence à hésiter.

MARIE.

Ça n'est guère rassurant.

HYACINTHE, s'armant du couvert à découper.

Après tout, un canard ne me fait pas peur et... (La volaille glisse sous sa fourchette et tache la nappe.) Là !... voyez-vous !

MARIE.

Oh ! la sauce sur ma nappe blanche ! (Ils se lèvent.)

HYANCINTHE.

Ça se recole... non... ça s'en va au blanchissage.

MARIE, épongeant la nappe.

Je l'espère bien. Vrai ! si quelque chose m'inquiète sur l'avenir de not'ménage, c'est ce manque de hardiesse dont vous ne semblez pas vous rendre compte.

HYACINTHE.

Oh ! que si, que je m'en rends compte !... et puisque vous me mettez sur ce terrain-là, j'aurai la témérité de vous avouer que moi aussi j'ai *concevu* quelques inquiétudes en songeant au caractère *révolu* qui vous distingue individuellement.

MARIE.

Oui-dà ! eh bien, je veux bien essayer d'être plus doucereuse, à condition que vous tâcherez d'être plus déluré.

HYACINTHE.

Oh !... je pourrai-t-y !

MARIE.

On n'a qu'à vouloir. (Ils se rasseoient.) Tenez, il y a dix minutes que nous sommes à table, voyez si vous avez pensé à me verser à boire.

HYACINTHE.

Oh ! jarni... (Il verse un peu.)

MARIE.

Tout plein donc !

HYACINTHE.

Comment ! vous *boireriez*...

MARIE.

Je ne dis pas que je le *boirerais*, mais vous devriez verser quand même.

HYACINTHE, riant godichement en emplissant le verre.

Oh ! oh !...

MARIE, buvant, rubis sur l'ongle.

Je gage aussi que vous n'avez pas une chanson guillerette à me dégoiser au dessert.

HYACINTHE.

Oh !... oh !... une chanson !...

MARIE.

Oui, enfin, une petite gaudriole, comme on dit.

HYACINTHE.

Comment, j'irais oser !...

MARIE.

Pourquoi pas ? nous n'avons encore fait qu'entamer la bouteille, et je serais prête à vous donner l'exemple.

HYACINTHE.

Vous !

MARIE.

Oui, moi. Allons, versez, et je vas chanter.

HYACINTHE, à part.

Oh ! qu'elle est-t-hardie !... qu'elle est-t-hardie !...

MARIE.

CHANSON.

I

Il n'est bon feu que de sarment
Pour quand revient l'automne ;
Près de lui l'on boit plus gaîment.
Le vin que Dieu nous donne :
Tout flambe le cœur et le bois.
Comme à cligne-musette
Avec des yeux au bout des doigts,
L'amour fait sa cueillette...
Eh ! tic et toque
Choque
Pierre.
Toque bien
Ton verre plein contre mon verre,
Ton verre plein contre le mien !

II

Il n'est bons contes que d'hiver!
　　Les lutins en goguette
Qu'elle entend voltiger dans l'air
　　Font trembler la fillette.
Le galant demande un baiser
　　Juste, à minuit qui sonne!
Il est bien tard pour refuser,
　　Et la peur rend si bonne!...
　　　Eh! tic et toque, etc.

III

Il n'est bons baisers que du soir!
　　Le premier compte à peine;
Autant vaut, pendant qu'il fait noir,
　　Compléter la douzaine.
Chut! mère-grand rêve tout haut:
　　« A ce jeu-là, compère,
« J'ai baptisé plus d'un marmot
　　« Qui ne s'en doutait guère...
　　　Eh! tic et toque, etc.

HYACINTHE.

Eh bien... vrai !... mamzelle... moi qui suis-t-un homme... je n'aurais jamais eu l'aplomb de chanter celle-là.

MARIE.

Qu'a-t-elle donc de si terrible ma chanson?

HYACINTHE.

Vot'amour qui fait la cueillette des dames ni plus ni moins que si c'étaient des petits pois... hé!... hé!...

MARIE.

Décidément, vous êtes une femmelette.

HYACINTHE, après un geste très-marqué d'indignation.

Eh bien, c'est vrai, je ne m'en défends pas. Mais je trouve à mon tour que vous n'êtes pas assez féminine pour votre complexion.

MARIE.

Ah! dame! je suis comme le bon Dieu m'a faite.

HYACINTHE.

Et moi aussi donc, et c'est à lui que je m'en prends.

MARIE.

Comment?

HYACINTHE.

Oui, je dis qu'il s'est trompé à mon égard en me condamnant à porter des habits qui me rappellent à chaque instant une responsabilité au-dessus de mes moyens.

MARIE.
Qu'est-ce que vous chantez-là ?
HYACINTHE.
Je ne chante pas ; *j'imprécationne.*
MARIE.
Vous m'avez pourtant dit que vous m'aimiez.
HYACINTHE.
Oui, j'ai eu cette audace, par exception.
MARIE.
Et vous m'aimez toujours ?
HYACINTHE, après s'être versé deux fois à boire.
Mamzelle Marie, l'amour dans un cœur sincère, c'est comme la sauce de canard sur une nappe blanche, ça s'étend toujours, et le trépas est la seule blanchisseuse qui l'enlève.
MARIE.
V'là qu'est bien parlé. Mais alors si vous étiez femme, vous ne pourriez pas m'aimer, et m'épouser.
HYACINTHE.
Le fait est que ça rendrait la chose un peu plus difficile. Mais si madame la Providence avait *évu* le bon sens de me faire femme, j'en conclus qu'elle aurait *évu* également l'esprit de vous faire homme, et nous pourrions nous unir la même chose.
MARIE, riant.
C'est juste, ce ne serait qu'un chassé-croisé de sexe.
HYACINTHE.
J'ai-t-y pas raison ?
MARIE.
Soit ; et ça ne me déplairait pas, allez, d'être homme, mais qu'y faire !
HYACINTHE, s'exaltant.
Oh ! si l'on osait corriger soi-même les erreurs de la destinée !
MARIE.
Comment !
HYACINTHE, frappé de son idée.
Après tout, pourquoi pas ! qui qu'aurait à s'en offusquer si ça nous convenait dans notre intérieur ?
MARIE.
De quoi ?

SCÈNE II.

HYACINTHE.

De suivre chacun notre *inclinaison* ; de porter chacun les habits qui conviennent à nos organisations réciproques, vous, la culotte, moi, le jupon.

MARIE, riant.

Ah ! ah ! ah ! ah ! ça serait drôle. Mais on ne s'arrangerait pas de ça à la mairie, vous savez.

HYACINTHE.

Puisque je parle de notre intérieur seulement.

MARIE.

Vous pouvez vous vanter d'avoir une idée cocasse !... et pour un rien, j'essaierais.

HYACINTHE.

Essayez-en, jarni !

MARIE.

Si vous y tenez, ça ne sera ni bien long ni bien difficile.

HYACINTHE.

Topez un peu pour voir.

MARIE, levant la main pour toper.

Eh bien... (Changeant de ton tout à coup.) Mais... j'y pense... nos noms ne pourraient plus cadrer avec notre costume. Il faudrait nous débaptiser.

HYACINTHE.

Je n'en vois point la nécessité. Il y a, à ma connaissance, plus d'une jeunesse *agréable* qui porte le doux nom d'Hyacinthe.

MARIE.

Oui !... mais Marie n'est pas un nom mâle du tout.

HYACINTHE.

Il n'est pas *mal*, il est même très-joli.

MARIE, riant.

Je veux dire que le nom de Marie ne convient pas à un homme, citez-m'en un seul qui...

HYACINTHE.

Et m'sieur Jean-Marie Farina donc !...

MARIE.

Ah ! ah ! ah ! vous avez raison.

HYACINTHE.

C'est pas tout ça ! Topez-vous, oui ou non ?

MARIE, topant.

Eh bien... je n'en aurai pas le démenti... Ça y est !... Tope !...

HYACINTHE, à part.

Qué poigne, mes amis!

DUO.

ENSEMBLE.

Ma foi! tant pis!
Changeons d'habits;
L'idée est bonne et me fait rire
Si quelqu'un y trouve à redire
Ma foi tant pis!

HYACINTHE, à part pendant que Marie fouille dans l'armoire.

Il s'agit maintenant de me déshabiller

MARIE.

Une cornette, un tablier
Une robe assez coquette.

(Se tournant vers Hyacinthe en train de se déboutonner.)
Eh bien, monsieur, que faites-vous?

HYACINTHE.

Mais... rien de mal... je croyais, entre nous,
Que vous vouliez avoir la parure complète.

MARIE, désignant les effets d'Hyacinthe placés sur une chaise.

N'ai-je pas là tout ce qu'il faut.
L'habit, la veste et la culotte?

HYACINTHE.

C'est vrai, je ne suis qu'un nigaud
C'est l'amour qui fait que j' radote.

MARIE.

Vous devenez mauvais sujet;
Pour vous punir, j'ai presque envie
De renoncer à mon projet

HYACINTHE.

Oh! non! oh! non! je vous en prie!

(Prenant son habit de noce et le présentant à Marie.)
Il va contenir des appas.
Que l'on ne lui destinait pas
Et ce sera lui, je suppose,
Qui gagnera le plus à la *Métempsychose*.

MARIE, à part.

Il est timide, mais galant.

HYACINTHE, à part.

Je suis assez content
De mon p'tit compliment.

ENSEMBLE.

Ma foi! tant pis!
Changeons d'habits, etc.

(Marie rentre dans sa chambre emportant le costume de marié d'Hyacinthe.)

SCÈNE III

HYACINTHE seul, il procède à sa toilette.

Oh! oui... je suis content d'avoir pensé à ça. Du moment que j'aurai l'plumage de la plus faible moitié du genre humain, j'y conformerai mon parlage et... (Il est en bras de chemise.) Je crois qu'il n'est pas nécessaire d'en ôter davantage. (Voulant mettre la robe.) Voyons comment qu'elles entrent ça? c'est-y par en haut ou par en bas?... n'importe, pourvu que je me mette dedans. (Il passe la jupe et cherche les manches du corsage.) Jarni! si ça agraffait par derrière!... non, v'là les manches c'est par devant... et c'est des cordons qui attachent... Tant mieux! parce que nous ne mesurons peut-être pas le même numéro... J'ai une certaine carrure qui prend de la place... Il est vrai qu'elle a une certaine rondeur... V'là que ça y est. Seulement ça demande un fichu. (Il prend sur la table une serviette qu'il plie en pointe et se met au cou en la rentrant dans son corsage.) V'là mon affaire (Se grattant.) Cristi! qu'est-ce qui me dégouline comme ça dans le dos?... c'est des miettes de pain... Hé! hé! ça me *catouille*... Ah! ça se tasse!... Nà... Le tablier par là-dessus. (Il le met.) Ça sent bon tout de même, les affiquets d'une femme! On dirait que je *m'induis* de pommade au jasmin. (Prenant la cornette.) Oh! et la cornette donc!... de la *mandoline* à plein nez... C'est ma raie qu'il faudrait mettre au milieu... mais les ustensiles sont pas là... (Ébouriffant ses cheveux sur le front à coups de poing.) Ah bah! et dire qu'il y en a qui vont chercher le perruquier... moi, je n'ai que ça à faire et je suis à la mode. C'est pas pour dire, mais je dois avoir une vraie apparence comme ça... et je n'ai pas de glace!... mais c'est indispensable... Ah! si; en v'là une là-haut! à point nommé, comme dans les comédies!

AIR.

Il me faut un miroir.
Qui reflète
Ma nouvelle toilette;
J'ai besoin de m'y voir,
Pour savoir
Si j'ai la tournure coquette
Qu'un' femme doit avoir.
Il serait curieux
Que, séduit par ma grâce,
De moi-même, sur place
Je devinsse amoureux...
Mais, par bonheur, ce n'est pas dangereux.
(Allant décrocher la petite glace et se mirant.)
Fin sourire
Qui vous attire,

Blanches dents, regard langoureux,
Teint de lys bien fait pour séduire,
Bouche fraîche et cheveux
Soyeux...
La jou'e grassouillette et dorée...
Une pêche dans la saison !
L'oreille pas trop déchirée...
Mignonne fossette au menton...
Même parmi les plus gentilles,
Répondez-moi, là, franchement,
Est-il beaucoup de jeunes filles
Qui pourraient en montrer autant ?
Avec ma tournure fringante,
Et ce pied lestement cambré,
Et cette jambe provocante
Que de malheureux je ferai !...
Comme une fleur, je vous le jure.
Tel qu'on m'a planté, j'ai poussé...
C'est la faute de la nature...
Régalez-vous, l' moule est cassé !...
Ah !
Quel excellent miroir !
A merveille il reflète
Ma nouvelle toilette..
On sait que par devoir
Une femme complète
Doit se montrer coquette...
Merci, gentil miroir !

(Il va remettre le miroir en place ; sa démarche contraste avec son costume féminin.) Je ne sais pas comment sera mamzelle Marie, mais, pour moi, il y a de l'illusion, et je me sens bien moins gêné qu'on pourrait le croire, rien de guindé, les mouvements naturels... (Il se démène d'une façon toute masculine.) Maintenant, j'attends de pied ferme.

SCÈNE IV

HYACINTHE, MARIE.

Marie frappe avant d'entrer.

HYACINTHE, voix très-rude.

Entrez.

MARIE, en dehors.

Mais c'est que c'est moi.

HYACINTHE.

Raison de plus, je n'ai rien de caché pour vous.

MARIE.

Non, sérieusement, êtes-vous convenable ?

HYACINTHE.

Ah! je comprends!... oui, oui, entrez, mon aspect ne rappelle nullement la chaste Suzanne.

MARIE, entrant avec les habits qu'on a vus.

Me v'là!

HYACINTHE.

Oh! quel amour de petit jeune homme! (Il saute niaisement.)

MARIE.

Qué grosse dodue!

HYACINTHE, voix de femme.

Bonjour, monsieur Marie.

MARIE.

Mamzelle Hyacinthe, je suis bien le vôtre... C'est égal, ça fait un drôle d'effet... quand on n'a pas l'habitude... se sentir comme ça les jambes... sans rien dessus!

HYACINTHE.

Eh! bien, ça facilite la marche dégingandée qui doit distinguer un jeune gas.

MARIE, assez embarrassée.

Ça devrait être... mais pourtant...

HYACINTHE.

Et moi, je suis-t-y à vot' convenance?

MARIE.

Vous êtes un peu drôle... mais puisque nous sommes convenus de ça... allons!... C'est pas l'embarras, vous avez quelque chose de plus ouvert dans la physionomie.

HYACINTHE.

Ma bouche, pardi! parce que j'ai envie de rire... Ah! ça, reprenons notre repas où nous l'avions laissé;... et n'oubliez pas que c'est à vous à me faire les honneurs. Eh! bien, voyons, faites-moi les honneurs.

MARIE, ne bougeant pas.

Les honn...

HYACINTHE, brusquement.

Offrez-moi une chaise.

MARIE.

C'est juste. (Voulant faire l'homme.) Mamzelle Hyacinthe, vous allez être assez gentille pour me tenir tête à table, pas vrai?

HYACINTHE, féminisant un peu sa voix, mais avec une grande franchise dans les allures.

Mais avec bien du certainement, monsieur Marie.

MARIE.

Et vous asseoir à côté de moi sans façons. Je vous donne l'exemple. (Elle s'assied.)

HYACINTHE.

Tout de suite, monsieur Marie. (Il s'assied crânement sur la chaise qu'il rapproche de Marie au point d'être presque sur elle.)

MARIE, se garant.

Ah! mais... pas si près donc!... vous m'étouffez.

HYACINTHE.

Ah! dam!... maintenant que mes habits ne m'intimident plus... Maintenant, faites-moi des agaceries.

MARIE.

Des agaceries!...

HYACINTHE.

Prenez-moi la taille.

MARIE.

Comment?

HYACINTHE.

Comme ça donc. (Il lui prend la taille.)

MARIE.

Eh bien!... vous n'êtes pas gêné! (Elle se lève.)

HYACINTHE, de même.

Puisque je n'ai ôté mes habits que pour être sans gêne.

MARIE, se rasseyant.

Avant tout, il faut bien établir nos tâches respectives.

HYACINTHE, assaisonnant la salade.

C'est juste : à moi le soin de l'intérieur; ça j'y tiens. Il faut vous dire que je n'ai pas mon pareil pour tordre le cou à un lapin, et faire la lessive. (Lui offrant de la salade.) Un peu de salade, jeune homme. (Marie la goûte et fait la grimace. Après elle Hyacinthe en fait autant.) Je sais ce que c'est... c'est le vinaigre qui abuse de sa force.

MARIE, souriant.

A coup sûr, ce n'est pas l'huile.

HYACINTHE.

Vous alors, en votre nouvelle qualité de masculin, qu'est-ce que vous comptez faire?

MARIE.

Dame!...

HYACINTHE.

Dame, quoi?

SCÈNE IV

MARIE.

Dame...

HYACINTHE.

Dame, dame... Vous n'avez pas l'air disposé à faire grand'chose. Vous me faites l'effet d'un petit *feugnant*. (Il tousse.) Vous ne me verseriez pas tant seulement un doigt de vin.

MARIE, versant.

Ah! c'est vrai, j'oubliais.

HYACINTHE.

Eh bien... allez donc.

MARIE.

Vous m'avez dit : un doigt.

HYACINTHE.

Mon devoir de femme réservée est de dire un doigt, mais votre devoir d'homme déluré est de me verser les cinq doigts et le pouce.

MARIE.

Tiens, tiens, vous avez de la mémoire. (Ils se lèvent.)

HYACINTHE.

Mais... c'est drôle tout de même, je croyais que vous alliez rentrer ici pour tout casser.

MARIE.

J'en avais l'intention, mais je suis toute...

HYACINTHE.

Ça ne peut pourtant pas être à moi, faible colombe, à vous émoustiller.

MARIE.

C'est vrai, mais...

HYACINTHE.

Allons, versez-moi, et buvez aussi.

MARIE.

Encore!

HYACINTHE.

Comment, encore!... C'est-il vous qui allez me retenir?

MARIE, se reprenant.

Au contraire, je vous dis... allons, encore.

HYACINTHE.

A la bonne heure, sarpebleu!

DUO.

HYACINTHE.

C'est étonnant,
Comme à l'instant
Cet habit d'un sexe timide
Malgré moi me rend intrépide.
Béni sois-tu, cher talisman!

MARIE.

C'est étonnant,
Comme à l'instant.
Moi, naguère encor intrépide
Plus que lui je deviens timide
Sous ce nouvel accoutrement!

HYACINTHE, déjà un peu gris.

Allons! buvons, mon camarade!
En avant les joyeux refrains!
Versez encor, versez rasade
L'amour et le vin sont cousins
  Germains.

(Chantant à tue-tête.)

La, la, la, la!...

(Il l'embrasse.)

MARIE.

Je n'en puis croire mes oreilles,
  Est-ce bien lui
  Qui chante ainsi?
Sans façon il m'embrasse aussi!

HYACINTHE.

A tes beaux yeux, aujourd'hui
Je veux vider trente bouteilles?...

ENSEMBLE.

C'est étonnant,
Comme à l'instant, etc.

(Hyacinthe a jeté son verre à la volée et rangé la table.)

MARIE.

Que faites-vous?

HYACINTHE.

A danser qu'on s'apprête!...

MARIE.

Vous savez donc?

HYACINTHE.

Avec cet habit là.
On peut risquer la pirouette,
  L'entrechat
  Et même la polka!...

(Polka à l'orchestre.)

SCÈNE IV

HYACINTHE.

Mon beau danseur, prenez-moi par la taille.

MARIE.

Qui, moi?

HYACINTHE.

Pardi! c'est le fait d'un amant!

MARIE, dansant malaisément.

Dans cette pose impossible que j'aille ;
Je ne tiens pas du tout le mouvement.

HYACINTHE, reprenant la position de son sexe.

Je vois qu'il faut, malgré l'invraisemblance,
Ne pas compter sur vous pour cavalier.

MARIE.

Ça va fort bien ; voyez la différence.

HYACINTHE.

Comme coup d'œil, ça n'est pas régulier.

(Se montant en dansant.)

Que dites-vous de ma désinvolture?

MARIE.

Je crois rêver, à ce talent nouveau!

HYACINTHE.

J'en suis moi-même ébaubi, je le jure.

(Lançant ses bras et ses jambes.)

Tiens, v'lan par là, v'lan par ici,

MARIE.

Bravo!

(Ils font encore un tour échevelé qu'ils terminent par une pose, Hyacinthe a un genou en terre, et Marie est assise sur l'autre. Dans ce mouvement, leurs têtes se trouvant très-rapprochées, Hyacinthe l'embrasse.)

MARIE, riant aux éclats.

Ah! ah! ah! ah!

HYACINTHE.

A la bonne heure, v'là que vous riez comme il faut.

MARIE.

Je ris parce que notre épreuve peut compter comme finie, et que nous savons à quoi nous en tenir.

HYACINTHE.

A quoi ?

MARIE.

Pardine, que ce qui vous retenait c'était une pure idée, puisqu'il vous a suffi de changer d'enveloppe pour être ce que vous deviez être naturellement.

HYACINTHE.

C'est pourtant vrai !

MARIE.

Quant à moi, je vois bien aussi que je n'ai pas l'aplomb nécessaire pour porter autre chose que mon cotillon.

HYACINTHE.

Alors, qu'est-ce qu'il faut faire ?

MARIE.

Eh bien, reprendre nos vrais habits... que d'ailleurs nous n'aurions pas pu abandonner longtemps ; moi, rester alerte mais modeste ; et vous, vous conduire comme si vous étiez convaincu que vous avez une robe sur le dos.

HYACINTHE.

Vous croyez qu'il faut ôter...

MARIE.

J'en suis sûre.

HYACINTHE.

Eh bien, commencez. (Il va pour lui ôter son habit.)
MARIE, l'arrêtant et lui ôtant au contraire sa cornette et son tablier.
Quand vous serez parti.

HYACINTHE, aidant à se déshabiller.

Parti, pour où ?

MARIE.

Pour la mairie, faire inscrire nos noms.

HYACINTHE.

Allons, en avant... Mais c'est égal, il me semble que la peur va me reprendre.

MARIE.

Bah ! bah ! madame la Providence, comme vous dites, ne se trompe pas tant que ça ; et, en tout cas, la première chose que nous devons accepter d'elle sans réplique, c'est notre sexe.

HYACINTHE.

Mam'zelle... madame, ce n'est pas moi qui dirai le contraire !

MARIE, au public.

J'ai grand'peur de vous offenser.
Dans nos humbles réclames,
Dois-je dire, pour commencer ;
Messieurs ! ou bien, mesdames.

SCÈNE IV

HYACINTHE, la rassurant du geste.

(Voix de femme.)
       Comme vous, mesdames, je suis

(Voix d'homme.)
       Un' faible sensitive

MARIE.

Vous, messieurs, voyez mes habits
Et qui m'aime, me suive !

           (Geste d'applaudir.)

ENSEMBLE.

Eh tic et toque
Cher parterre,
Choque
Bien,
Ton verre plein contre mon verre,
Ton verre plein contre le mien !

FIN

Imprimerie de L. TOINON et Cie, à Saint-Germain.

www.ingramcontent.com/pod-product-compliance
Lightning Source LLC
Chambersburg PA
CBHW060622050426
42451CB00012B/2378